Monika Herzog / Brigitte Stengel

Das Weihnachtsbastelbuch

ENGLISCH VERLAG

Die Deutsche Bibliothek - CIP-Einheitsaufnahme
Das Weihnachtsbastelbuch / Monika Herzog/Brigitte Stengel. - Wiesbaden : Englisch, 2002
ISBN 3-8241-1171-3

ISBN 3-8241-1171-3

Fotos: Frank Schuppelius
Printed in Spain

Wir danken der Firma Creative Hobbies für Ihre freundliche Unterstützung (Motive Seite 20, 22 und 29).

Inhalt

Vorwort

Zuerst erscheint die Vorweihnachts- und Adventszeit lang. Weihnachten scheint noch weit. Ungefähr vier Wochen Zeit für Einkäufe, Vorbereitungen, Besinnung und Basteln. Doch dann ist Weihnachten plötzlich im Handumdrehen da – und was ist aus dem Basteln geworden?
Und weil Sie das alles wissen und sich selbst auch ganz genau kennen, werden aus guten Vorsätzen in diesem Jahr endlich Taten. Dieses Buch hilft Ihnen dabei! Wir zeigen Ihnen, wie Sie Ihre Zeit effektiv nutzen und mit wenig Aufwand wunderschöne Dekorationen aller Art herstellen können. Doch nicht nur Sie, sondern auch Ihre Kinder werden begeistert sein, denn auf den folgenden Seiten findet man viel Schönes, an dem auch kleine Hände wunderbar mitarbeiten können. Sie finden viele neue Ideen, aber auch bekannte Techniken im neuen Gewand kommen zu Ehren. Ganz verschieden sind die verwendeten Materialien, sodass bestimmt für jeden Bastelfreund etwas dabei ist!
Erleben Sie selbst, dass alle von Ihnen und Ihrer Familie selbstgemachten Weihnachtsdekorationen besonders wertvoll sind, gerade weil sie so einzigartig sind und kein anderer Mensch diese Kostbarkeiten besitzt.
Wir wünschen Ihnen, dass Ihnen diese Adventszeit die ersehnte Ruhe bringt, und hoffen, dass wir mit unserem Buch dazu beitragen können.

Ihre
Brigitte Stengel und
Monika Herzog

Grundanleitung

Übertragen von Motiven vom Vorlagebogen

Wir empfehlen Ihnen, die Motive vom Bogen entweder auf Transparent- oder Butterbrotpapier durchzuzeichnen oder zu kopieren. Legen Sie Kohlepapier zwischen Vorlage und das Objekt, das verschönert werden soll, fixieren Sie alles mit ein paar Streifen Klebeband, und zeichnen Sie die Linien mit einem Kugelschreiber durch.

Farben mischen

Grundierfarben kann man besonders gut in einem Filmdöschen anmischen. So ergibt z. B. 1/2 Döschen Weiß und 2 Tropfen Schwarz einen schönen hellen Grauton. Probieren Sie es aus, und mischen Sie den Farbton Ihrer Wahl an.

Serviettentechnik

Die Serviettentechnik ist einfach und effektvoll. Motivservietten gibt es in vielfältigster Form im Hobby- und Geschenkhandel, aber auch in Porzellangeschäften und Deko-Sortimenten. Von den Motiven benötigen Sie nur die oberste, dünne, bedruckte Schicht. Man bestreicht den Untergrund, auf den das Motiv aufgebracht werden soll, mit Serviettenkleber. Dann wird das Motiv an einer Seite angelegt und mit einem breiten Haarpinsel und weiterem Kleber vorsichtig in eine Richtung angedrückt. So kann man Luftblasen leicht ausstreichen. Man muss dies aber sehr vorsichtig tun, damit das Motiv nicht reißt.

Window-Color

Für das Arbeiten mit Window-Color benötigen Sie Konturenfarben, Window-Color-Farben und außerdem eine geeignete Malfolie. Legen Sie die Vorlage unter die Malfolie, und fahren Sie die Konturen mit der Konturenfarbe nach. Lassen Sie diese dann gemäß den Herstellerangaben gut trocknen. Füllen Sie die Felder nun mit den gewünschten Window-Color-Farben aus, wobei Sie darauf achten müssen, die Farbe wirklich bis an die Konturlinie heranzuziehen. Ein Schaschlikspieß oder Zahnstocher aus Holz leistet hierfür gute Dienste. Luftblasen können Sie aufstechen, solange die Farbe nicht angetrocknet ist. „Leere“ Felder im Motiv werden mit Kristallklar ausgefüllt.

Plusterfarbe

Plusterfarbe gibt es in vielen lustigen Varianten. Man trägt sie direkt aus dem Stift auf und backt sie für wenige Minuten bei 130 Grad (Herstellerangaben unbedingt beachten), bis die Farben matt und dick werden. Dies dauert nur wenige Minuten, und man bleibt am besten vor dem Backofen stehen.

Filzen

In diesem Buch wird sogenannte Märchenwolle verfilzt. Das können Sie auch selbst! Gehen Sie folgendermaßen vor:
Sie benötigen dazu heißes Wasser, Schüsseln, Schmier- oder Kernseife, eine Gummimatte, Bläschenfolie, Handtücher und eventuell ein Rundholz zum Walken.
Gefilzt wird Wolle, indem man sie mit heißem, gerade noch an der Hand erträglichem Wasser anfeuchtet. Dazu kommt Schmier- oder Kernseife, nämlich etwa ein Esslöffel auf einen Liter Wasser. Solange der Filz mit den Händen bearbeitet wird, ist die Seife auch als Gleitmittel unentbehrlich.
Da bei gekämmter Wolle die Fasern alle in einer Richtung liegen, muss sie kreuz und quer ausgelegt werden. Man legt eine Lage überlappend in einer Richtung aus und legt dann eine zweite Lage ebenfalls überlappend im rechten Winkel dazu aus. Weitere Lagen werden in diesem Sinne ausgelegt.
Erst jetzt beginnt das eigentliche Filzen und Walken. Man legt die Wollschichten zwischen zwei Lagen von z. B. Bläschenfolie, wie sie zum Verpacken zerbrechlicher Gegenstände verwendet wird. Dann beginnt man vorsichtig, die Wolllagen gegeneinander zu verreiben. Hier ist Geduld und Fingerspitzengefühl angesagt. Erst mit zunehmender Festigkeit des Filzes kann kräftiger gearbeitet werden, was z. T. wirklich Körperkraft erfordert. Eine halbe Stunde müssen Sie mindestens rechnen, um eine haltbare Filzfläche herzustellen – bei großen Objekten kann es mehrere Stunden dauern!

Legen Sie die gekämmten Wollstränge so aufeinander.

Beachten Sie beim Filzen auch, dass die Filzfläche während des Filzens schrumpft. Geben Sie deshalb bei Stiefeln, Mützen und Ähnlichem immer wenigstens 3 – 4 Zentimeter zu der angestrebten Größe rundum zu.
Versuchen Sie sich an einfachen Objekten, wie Bällen oder Flächen, ehe Sie formgebundene Dinge in Angriff nehmen.

Weihnachtliches Window-Color
Glasuntersetzer

Material
- Moosgummi in Rosa, Hellblau, Gelb und Weiß
- Klarsichtfolie
- Bastelkleber
- Window-Color in Grün, Weiß, Blau, Gelb, Rot und Braun
- Glitter in verschiedenen Farben

Anleitung
Legen Sie die Vorlage unter die Klarsichtfolie, und ziehen Sie die Konturen nach. Lassen Sie sie trocknen und setzen anschließend die Farben in die Flächen. Zwischentöne können Sie neben der Malfolie leicht selbst anmischen. Das Objekt braucht nun ca. 4 Stunden, um zu trocknen. Schneiden Sie aus dem Moosgummi die Kreise aus. Nehmen Sie dazu den Cutter bzw. einen Kreisschneider, das gibt schönere Kanten. Bringen Sie am Rand des Moosgummideckels den Kleber auf. Die Kleberschicht sollte sehr dünn und höchstens 0,5 cm breit sein. Lassen Sie ihn leicht antrocknen, und streuen Sie dann den Glitter auf die Fläche. Legen Sie nun das Window-Color-Bild mit der gemalten Seite nach unten auf den Moosgummideckel und drücken beides leicht zusammen. Wenn das Objekt nach der Trockenzeit (das kann bis zu 2 Tagen dauern) sich nicht mehr verschieben lässt, können die überstehenden Kanten der Folie mit einer Bastelschere abgeschnitten werden.

Weihnachtskarten

Material
- verschiedene Schmuckkartons
- Hartfolie
- Window-Color in verschiedenen Farben
- Flitter
- Kleber
- Cutter, Winkel und Lineal
- farbiges Transparentpapier, evtl. mit Muster

Anleitung

Legen Sie die Vorlage unter die Hartfolie, und ziehen Sie die Linien mit Konturenfarbe nach. Lassen Sie die Konturenfarbe gut trocknen, und füllen Sie erst dann die Felder mit Farbe.

Ein Tipp für das Christbaummotiv: Zuerst sollte man die farbigen Pünktchen tupfen und trocknen lassen und dann erst die grüne Farbe aufbringen. Während die Farbe auf der Hartfolie trocknet, können die Karten mit Hilfe von Lineal und Winkel zugeschnitten werden. Die Anleitung finden Sie auf dem Vorlagenbogen.

Kleben Sie das Motiv mit der gemalten Seite nach innen im Ausschnitt fest. Auf die linke innere Kartonseite wird dann das farbige Transparent geklebt, das nach dem Einklappen als Hintergrund für das Window-Color-Motiv dient.

Bevor Sie die Hintergrundseite fixieren, muss noch der Flitter auf die Hartfolie bzw. das Bild gestreut werden. Nun wird die Weihnachtskarte endgültig so mit Kleber versiegelt, dass der Flitter nicht herausfallen kann.

Glänzende Metalleffekte

Einstecker „Heavy Metal“

Die perfekte Illusion: Was hier so silbern glänzt, ist nur von Pappe.

Material
- Tonkarton in Weiß
- Bastelkleber
- Alleskleber
- verzinkter Draht, Ø 1 mm
- Drahtzange
- Bastelfarbe in Silber
- Schuhcreme in Schwarz
- 2 weiche Baumwoll-Lappen

Anleitung

Übertragen Sie jedes Motiv zweimal mit allen Ornamenten und Linien auf weißen Tonkarton, und schneiden Sie alles aus. Malen Sie alle Ornamente und Linien mit Bastelkleber direkt aus der Tube nach. Der Kleber wird nach dem Trocknen transparent. Für jeden Einstecker benötigen Sie ein ca. 40 cm langes Stück verzinkten Draht. Biegen Sie an dem einen Ende eine kleine Schlaufe. Diese kleben Sie mit Alleskleber zwischen 2 Papp-Motive. Dank der Schlaufe rutscht der Draht auch nach dem Trocknen nicht so leicht heraus und verleiht dem Einstecker zusätzlich Plastizität. Lassen Sie alles gut trocknen. Der Einstecker kann nun vorne und hinten in zwei Schichten silbern bemalt werden. Tragen Sie dann mit einem Baumwolltuch und kreisenden Bewegungen die schwarze Schuhcreme auf, und wischen Sie gleich mit einem anderen weichen Tuch überflüssige Creme wieder weg. Arbeiten Sie zügig, denn Schuhcreme trocknet recht schnell auf. Mit dieser Technik verleihen Sie den silbernen Motiven eine edle Patina und ein verblüffend metallisches Aussehen.

Aus der Schatzkammer

Wie das Goldgeschenk der Heiligen Könige sieht diese orientalisch anmutende Dose aus.

Material

- 1 Pappdose, Höhe 18,5 cm, Ø 11,5 cm
- Transparent- oder Butterbrotpapier
- Kohlepapier
- Bastelfarbe in Weiß und Bleichgold
- Bastelkleber
- Schuhcreme in Schwarz
- 2 weiche Baumwolltücher

Anleitung

Grundieren Sie die Pappdose 1 bis 2 Mal mit weißer Bastelfarbe. Übertragen Sie dann die Motive vom Vorlagenbogen auf die Dose. Das Baum-Motiv passt auf die oben beschriebene Dose zweimal. Den Deckel ziert ein Stern. Legen Sie die Dose vor sich auf den Tisch, und malen Sie die Linien der Motive mit Bastelkleber aus der Tube nach. Da der Kleber flüssig ist, können Sie immer nur einen ca. 10 cm breiten Streifen bemalen. Erst nach dem Trocknen können Sie weiter arbeiten. Für diesen Vorgang ist etwas Übung erforderlich. Wenn Sie aber z. B. schon einmal mit Window-Color gearbeitet haben, dann wird Ihnen die Arbeitsweise bekannt sein. Bemalen Sie auf diese Art die Dose und den Deckel ringsherum. Der Kleber wird nach dem völligen Durchtrocknen transparent. Dann können Sie Dose und Deckel golden bemalen. Zwei Schichten Farbe genügen. Warten Sie auch hier, bis die Farbe völlig trocken ist. Tragen Sie dann mit einem Baumwolltuch und kreisenden Bewegungen die Schuhcreme auf, und wischen Sie gleich mit einem anderen weichen Tuch überflüssige Creme wieder weg. Arbeiten Sie zügig, denn Schuhcreme trocknet recht schnell auf. Mit dieser Technik verleihen Sie der goldenen Dose eine edle Patina und ein schönes metallisches Aussehen.

Tipp: Wenn Sie eine Dose verwenden, die kleiner oder größer ist, passen Sie die Vorlage unter einem Fotokopierer an.

Frostiges Glasdesign

Schneekristall-Laterne

Für diese frostige Glaskunst benötigen Sie allenfalls etwas Geduld.

Material
- Kerzenlaterne mit Glaseinsätzen
- klare Selbstklebefolie oder Maskierfilm für Airbrush
- Spülschwämmchen
- Satiné-Lack, in Naturfarben
- Flimmer-Kristalleis
- Cutter

Anleitung

Zunächst werden die vier Glasscheiben der Laterne mit Glasputzmittel beidseitig gereinigt. Zwei der Scheiben bekleben Sie einseitig völlig mit einem Stück Folie. Am besten eignet sich hierfür Maskierfilm für die Airbrush-Technik. Dieser Klebefilm klebt nicht so stark und lässt sich leicht wieder abziehen. Andererseits gewährleistet er exakte Konturen. Mittels eines Kopierers bringen Sie die Vorlagen für die Schneekristalle auf die gewünschte Größe und legen sie unter die abgeklebte Glasscheibe. Schneiden Sie nun mit einem Cutter die Konturen der Kristalle in die Folie. Es ist von Vorteil, wenn Sie die Kristallform in einem Stück herausschneiden, denn das, was Sie hier abziehen, kleben Sie auf die beiden Glasscheiben, die noch nicht mit Folie überzogen sind. Verfahren Sie so mit allen Schneekristallen. Am Ende haben Sie 2 Glasscheiben mit ausgeschnittenen Schneekristallen und 2 Glasscheiben, auf die die ausgeschnittenen Kristalle aufgeklebt sind. Schneiden Sie von dem Spülschwamm ein ca. 5 x 5 cm großes Stück ab. Hiermit tupfen Sie den Satiné-Lack auf, von dem Sie etwas in eine flache Palette gefüllt haben. Tupfen Sie den Lack wie mit einem Stempel auf die Flächen Ihrer Glasscheiben, die nicht mit Folie beklebt sind. Arbeiten Sie möglichst gleichmäßig mit schwachem Druck. In den feuchten Lack können Sie nach Belieben noch das Flimmer-Kristalleis streuen. Das erhöht den optischen Frosteffekt und glitzert schön im Kerzenlicht. Lassen Sie den Lack nur 2 – 3 Minuten trocknen, und ziehen Sie dann alle Folienteile vorsichtig ab. Nichts verwischen! Nehmen Sie Ihren spitzen Cutter zur Hilfe.

Nach 24 Stunden Trockenzeit ist der Lack absolut fest und kann noch im Ofen nach Packungsanleitung gehärtet werden.

Allerlei Weihnachtsschmuck

Dufte Baumanhänger

Düfte setzen Emotionen frei. Dank besonderer Farben komponieren Sie zu Hause Ihre eigene Atmosphäre.

Material

- Windradfolie für Window-Color
- Konturenfarbe in Bleimetallic
- Window-Color deckend in Transparent und Glitter
- Window-Color-Duftfarben
- Cutter

Anleitung

Bei diesen weihnachtlichen Motiven werden normale Window-Color-Farben mit speziellen Duftfarben kombiniert. Schade, dass Sie nichts riechen können, wenn Sie an dieser Abbildung schnuppern! Das Grün der Tannen-Motive trägt zum Beispiel den Duft „Tannenwald". Denken Sie sich auch eigene Motive aus, denn es gibt Apfel- und Gebäckdüfte und vieles mehr. Verarbeitet werden die Farben wie normale Fenstermalfarben, und die Düfte halten mehrere Monate. Eine tolle und im wahrsten Sinne des Wortes „dufte" Idee für die Weihnachtsdekoration.

Legen Sie das Motiv unter die Windradfolie, und ziehen Sie die Konturen mit Konturenfarbe nach. Ist diese getrocknet, kann das Motiv mit den Buntfarben ausgemalt werden. Farbverläufe erzeugen Sie, indem Sie zwei verschiedene Farben nass aneinander stoßen lassen und mit einem Zahnstocher vorsichtig die eine Farbe in die andere ziehen.

Weihnachtskette mit Nikolausmützen

Material

- Tonkarton Rot und Weiß
- Plusterfarbe in Weiß, Silber und Glittergrün
- Filzstift in Schwarz
- Silberdraht und Drahtzange
- Perlen in Rot
- Kleber
- Lochzange

Anleitung

Die Mützen werden beidseitig angefertigt, d. h. Sie übertragen die Vorlage pro Mütze zweimal (davon einmal spiegelverkehrt). Die Vorlage wird auf den weißen Karton übertragen, der rote Rand wird zusätzlich ausgeschnitten und aufgeklebt. Dann werden die Pupillen eingezeichnet, wobei es witzige Effekte gibt, wenn man sie nach links, rechts, oben oder unten blicken lässt. Anschließend tragen Sie die Plusterpaste recht großzügig auf. Während die Farbe trocknet, können Sie die Schriftschilder basteln. Dann werden die Mützen im Ofen bei 130 Grad 2 Minuten lang aufgeschäumt. Nach dem Abkühlen werden sie zusammengeklebt.

Stanzen Sie an beiden Seiten der Mütze mit der Lochzange kleine Löcher für den Silberdraht.

Danach knipsen Sie für die Zwischenstücke jeweils ca. 15 cm lange Drähte ab, fädeln sie durch die Löcher, nehmen eine Perle auf und biegen die Enden mit der Zange um. Vergessen Sie nicht, ab und zu ein Schriftschild dazwischen zu montieren.

Diese lustige Weihnachtskette eignet sich für den Christbaum, als Dekoidee für Gestecke, für den weihnachtlich gedeckten Tisch und vieles andere.

Die Drei aus dem Fichtenwald

Freundlich präsentieren uns drei Glitzerwichtel ihre schönsten Christbäumchen.

Material
- Tonkarton in Dunkelrot, Dunkelblau, Dunkelgrün, Olive und Hellgrün
- Tonpapier in Hautfarben
- Bastelfarbe in Gold, Dunkelrot, Dunkelblau und Dunkelgrün
- 3 Eis-Stielchen aus Holz
- Plusterfarbe in Weiß und Rosa
- Plusterfarbe Glitter in Hell- und Dunkelgrün
- Glimmer-Allesfarbe in Kirschrot, Blattgrün und Ultramarinblau
- Buntstifte in Schwarz und Rosa
- 3 Glitzerponpons in Rot, Blau und Grün
- Alleskleber

Anleitung

Schneiden Sie aus Tonkarton die Vorlage A in Dunkelgrün, Dunkelblau und Dunkelrot aus, und übertragen Sie alle Linien. Schneiden Sie ebenfalls alle drei Bäumchen aus unterschiedlichen Grüntönen aus. Drehen Sie die Formen A zu schmalen Tüten, deren Bodendurchmesser ca. 6 cm beträgt. Die mit „Gesicht" gekennzeichnete Vorlage übertragen Sie auf hautfarbenes Tonpapier und schneiden sie dreimal aus. Kleben Sie sie auf die entsprechende Stelle auf die Wichtel-Tüten auf. Bemalen Sie nun den mit „Gold" gekennzeichneten Streifen mit goldener Bastelfarbe und die Mützen und Gewänder der Wichtel mit der entsprechenden Glimmer-Allesfarbe. Zerteilen Sie die hölzernen Eis-Stiele in zwei gleichgroße Hälften. Bemalen Sie sie mit Bastelfarbe und dann mit der passenden Glimmer-Allesfarbe. Lassen Sie ein kleines Stück frei, das wie eine Hand wirkt. Malen Sie nun mit Buntstift das Gesicht auf. Dann malen Sie mit sattem Farbauftrag die Haare und die Knubbelnase mit Plusterfarbe auf. Gestalten Sie nun die drei Bäumchen mit den Fun-Linern. Lassen Sie alles über Nacht trocknen. Am nächsten Tag heizen Sie

Ihren Backofen auf 130 Grad vor (keine Umluft!) und backen die Wichtel und die Bäumchen auf dem Backblech, bis die Plusterfarbe matt aufplustert (beobachten!). Nach dem Abkühlen kleben Sie dann die passenden Ärmchen seitlich an die Wichtel und fixieren auch die Bäumchen mit Alleskleber. Auf der Hutspitze befestigen Sie noch einen farblich passenden Glitzerponpon.

Drahtige Engelchen

Wer so nett aussieht, darf auch ruhig mal unfrisiert sein!

Material

- 2 unlackierte Holzperlen, Ø 3 cm
- Tonkarton in Dunkelrot und Mittelbraun
- Bastelfarbe in Schwarz, Rosa und Weiß
- Haarpinsel, Stärke 0
- Mattlack
- Rupfen, 30 x 30 cm
- Rotkarierter Stoff, 30 x 30 cm
- Alleskleber und Bastelkleber
- Heißkleber
- Kupferdraht, Ø 0,7 mm und Ø 0,3 mm
- Seitenschneider

Anleitung

Schneiden Sie die Arme und die Vorlage A aus rotem und braunem Tonkarton aus, und stellen Sie aus A zwei Tüten mit dem Bodendurchmesser 8 cm her. Schneiden Sie die Vorlage B aus Rupfen und rotkariertem Stoff aus. Bekleben Sie die rote Tüte mit dem Karostoff und die braune Tüte mit Rupfen. Den unten überstehenden Stoff schlagen Sie nach innen ein und kleben ihn fest. Malen Sie mit einem dünnen Pinsel das Gesicht auf. Die Augen erhalten durch zwei winzige weiße Pünktchen Lebendigkeit. Lackieren Sie die Köpfe matt. Übertragen Sie die Vorlage der Flügel auf braunen und roten Tonkarton, und kleben Sie auf die Rückseite mit Bastelkleber den passenden Stoff. Lassen Sie alles gut trocknen und schneiden es dann erst aus. Schneiden Sie mit dem Seitenschneider vom dicken Kupferdraht pro Engelchen 12 ca. 10 cm lange Stücke ab. Bündeln Sie sie, indem Sie sie in der Mitte ein paarmal mit dem dünneren Draht wirklich fest umwickeln. Die beiden Enden des dünnen Drahtes werden verdreht. Sie sollen ca. 10 cm lang sein. Schneiden Sie nun ein klein

wenig die Spitze von der Körpertüte ab, und kleben Sie den Kopf mit Alleskleber auf. Das Haarbündel wird mit den dünnen, verdrehten Drahtenden durch Kopf und Hals des Engels in die Körpertüte gefädelt und dort mit reichlich Heißkleber fixiert. Am Schluss kleben Sie die Flügel und die Arme fest.

Vielseitiger Filz

Jutesack mit Teddy

Material
- Jutesack
- Bastelfilz in Rot, Braun, Natur und Schwarz
- Plüsch in Weiß
- Nähgarn
- Glöckchen
- Sternenknöpfchen
- Filzstift in Schwarz
- Teddy-Augen
- Perle in Schwarz

Anleitung

Schneiden Sie die Schnittmuster für den Teddy zu und befestigen sie mit Stecknadeln auf dem jeweiligen Filz oder Stoff. Schneiden Sie alle Teile genau am Rand entlang aus. Gemäß der Abbildung werden sie dann aufeinander geklebt, wobei nur wenig Leim verwendet werden sollte, damit der Kleber nicht durch das Gewebe dringt. Gehen Sie in dieser Reihenfolge vor: Als erstes werden die roten Teile des Körpers und der Mütze sowie der schwarze Gürtel geklebt. Dann folgen die Tatzen und die weißen Plüschteile von Kragen und Mütze. Danach kommen die Sohlen und Ohren in Braun und Natur an die Reihe, dann der Kopf und zum Schluss die Schnauze. Augen, Nase, Sternenknöpfe, Gürtelschnalle und das Glöckchen an der Zipfelmütze werden angenäht. Zuletzt zeichnet man mit einem schwarzen Filzstift die Konturen an Armen und Mund auf.

Jutesäckchen mit Weihnachtsstern

Material
- Filzplatten in Rot und Grün oder Märchenwolle in Rot und Grün zum Selberfilzen
- Jutesäckchen
- Nähgarn
- Holzperlen in Gelb

Anleitung

Filzen Sie gemäß der Grundanleitung je eine rote und eine

grüne Filzplatte. Dafür legen Sie die Wolllagen abwechselnd horizontal und vertikal übereinander, geben heißes Wasser mit Schmierseife darauf und reiben erst vorsichtig, dann kräftiger mit den Händen darüber, bis eine gleichmäßige Filzschicht entsteht.
Lassen Sie die Filzplatten trocknen. Wenn Sie fertigen Filz verwenden, können Sie gleich vom Vorlagebogen die Formen für die Applikationen abnehmen und ausschneiden: Blütenblätter in Rot und die Blätter in Grün. In die grünen Blätter werden zusätzlich mit Nähgarn kleine Blattrispen eingestickt. Aus den verschiedenen Blättern, die Sie aus dem Filz ausschneiden, arrangieren Sie auf dem Jutesäckchen einen Weihnachtsstern. Die einzelnen Blätter werden mit wenigen Handstichen befestigt. Zuletzt näht man einige gelbe Holzperlen in der Mitte der Blüte fest.

Nikolausstiefel

Material
- Märchenwolle in Rot und Weiß (roter Stiefel), Grün und Weiß (grüner Stiefel)
- Filz in Moosgrün (roter Stiefel) und Himbeer (grüner Stiefel)
- Stickperlen in Rot und Grün
- Stiftperlen in Rot und Grün
- Füllwatte
- Bläschenfolie
- Handtücher
- Schmierseife
- feste Pappe

Anleitung

Beachten Sie zum Verfilzen die Grundanleitung. Für den Stiefel schneiden Sie eine nicht zu dünne Pappschablone, wie in der Vorlage zu sehen. Da dieser Stiefel nicht unbedingt jemandem passen muss, wählen Sie die Größe nach Belieben. Beachten Sie aber, dass sich die Form beim Filzen verkleinern wird.

Die Schablone wird nun gleichmäßig einmal horizontal und einmal vertikal mit der Wolle umwickelt. Sohle, Ferse und Zehen sollten stärker gearbeitet werden. Zuletzt werden dünne Strähnen Wolle ziemlich fest um das ganze „Paket" gewickelt, um dem Ganzen mehr Stabilität zu geben. Nun legt man die umwickelte Schablone auf eine Bläschenfolie und begießt alles mit heißer Schmierseifenlauge. Diese sollte allerdings nur so heiß sein, dass man sie an den Händen gerade noch ertragen kann. Dann schlägt man die Folie mit den Bläschen nach innen darüber und drückt sie mit beiden Händen an. Ist die Schablone von beiden Seiten mit der Seifenlauge durchtränkt, reibt man mit beiden Händen auf der Folie hin und her. Ist die Oberfläche rundum gut angefilzt, nimmt man die Folie weg und reibt direkt auf der Wolle weiter. Zwischendurch drückt man immer wieder das erkaltete Wasser in einer Schüssel aus und ersetzt es durch heißes. Achten Sie darauf, dass besonders die Kanten gut gefilzt werden. Wenn Sie mit der Oberfläche zufrieden sind, schneiden Sie die obere Kante am Stiefelschaft mit einer Schere auf und entfernen die durchweichte Pappschablone. Nun muss der Stiefel noch

gewalkt werden, und das geht so: Rollen Sie den Stiefel nacheinander in jeder Richtung in ein Handtuch und rollen ihn so hin und her. Danach wird der Stiefel aufgefaltet, und die Nähte werden überwalkt. Wenn Sie mit Ihrem Filzschuh zufrieden sind, stopfen Sie ihn mit Seidenpapier aus, bringen ihn in Form und lassen ihn trocknen. Beachten Sie, dass der Schuh genau die Form erhält, die Sie ihm vor dem Trocknen geben. Um den getrockneten oberen Rand des Stiefels legen Sie nun die weiße Märchenwolle und steppen sie fest. Die Filzanhänger werden gemäß Vorlagebogen aus dem fertigen Filz geschnitten, zu $^{3}/_{4}$ zusammengenäht, wobei zwischen jedem Stich eine Stickperle aufgenommen wird. Dann wird die Form mit Füllwatte ausgestopft und der Rest zusammengenäht. Für den Aufhänger fädeln Sie Perlen auf einen Faden und fassen das Fadenende zur Schlaufe zusammen. Nun können Sie den Nikolausstiefel mit leckeren Gaben und Geschenken für Ihre Lieben befüllen.

Tannenbäumchen

Material
- Filz in Gelb, Orange, Pink und Grün
- Knöpfe in Rot, Gelb und Grün
- Karostoff
- Stickgarn in Grün und Orange
- Tontöpfe, Ø 8 cm, Tasse oder Glas, Ø 10 cm
- Füllwatte oder Faserbällchen
- Eisendraht, geglüht
- Klebepistole
- Doppelseitiges Klebeband
- Sticknadel mit spitzer Spitze
- Bastelfarbe in Gelb, Grün und Pink
- Reißlack
- Schaschlikstäbe
- Blumensteckmasse

Anleitung

Als Beispiel dient das Bäumchen in Pink/Orange, aber die Vorgehensweise ist für alle Tannenbäumchen dieselbe.

Übertragen Sie die Form für den Baum zweimal auf orangefarbenen Filz und einmal auf pinkfarbenen Filz. Schneiden Sie die pinkfarbene Form in der Mitte in zwei Hälften, und steppen Sie je eine Hälfte auf Vorder- und Rückseite. Der Knopf wird bereits jetzt festgenäht (Abb. 1).

Nähen Sie die beiden Hälften zusammen und füllen sie gleichzeitig mit Füllwatte (Abb. 2).

Malen Sie den Schaschlikstab pink an, und schieben sie ihn bis zur Spitze in den Baum, das gibt Stabilität (Abb. 3).

Bemalen sie nun den Tontopf mit Bastelfarbe in Grün, lassen ihn trocknen und streichen ihn mit Reißlack ein. Wenn er wieder trocken ist, überstreichen Sie ihn in einer Richtung mit Pink.

Schneiden Sie jetzt etwas Blumensteckmasse zu, kleben diese mit Heißkleber am Topfboden fest (Abb. 4) und polstern ihn dann mit Füllwatte auf (Abb. 5).

Schneiden Sie dann einen Kreis aus dem karierten Stoff, wobei die Tasse oder das Glas als Schablone dienen kann. Steppen Sie nun mit Stickgarn einen Kreis, der zwischen Tassendurchmesser und Topfdurchmesser liegt (Abb. 6). Vierteln Sie den Kreis und schneiden die Spitze ab (Abb. 7). Nähen Sie dann den Knopf auf den karierten Kreis.

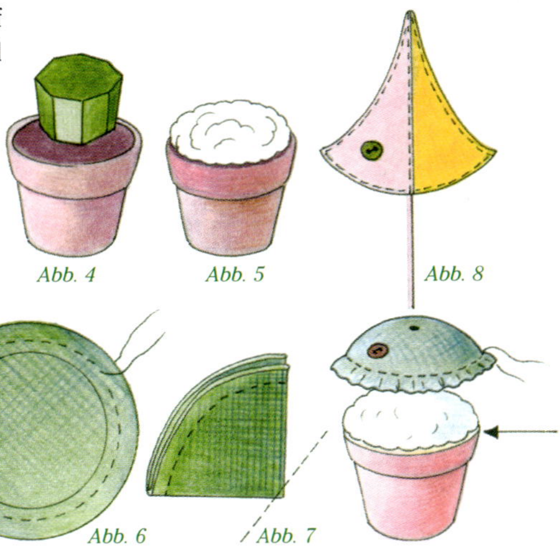

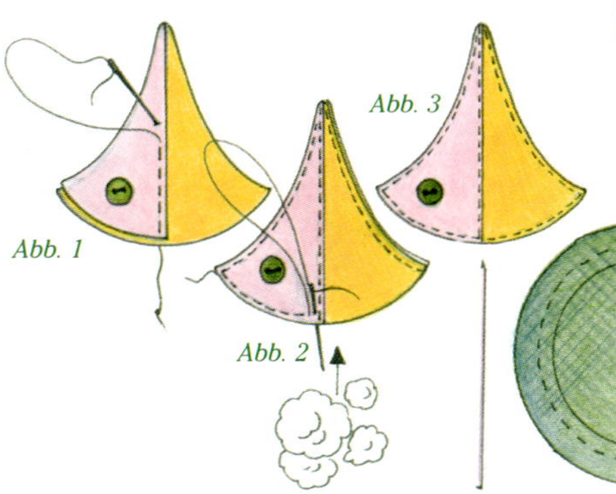

Dann können Sie das Bäumchen zusammenbauen. Kleben Sie am oberen Rand des Topfes einen schmalen Streifen doppelseitiges Klebeband fest. Ziehen Sie die Stoffabdeckung vorsichtig über die Füllwatte und das Klebeband, und binden Sie mit dem Stickgarn eine Schleife. Stecken Sie den Stab durch das Loch der Abdeckung in die Steckmasse (Abb. 8).
Dann fertigen Sie die Sterne so: Dreieck zweimal ausschneiden, versetzt übereinander legen und mit einem Knopf festnähen. Mit Stickgarn steppen Sie zusätzlich ab. Nun wird der Draht ca. 15 cm lang über einen Bleistift spiralartig aufgedreht und mit Heißkleber an den Sternen befestigt. Nun kann man die Sterne in den Baum hängen.

Weihnachtskugeln

Material
- Filz in verschiedenen Farben
- Knöpfe in verschiedenen Farben, z. B. auch Knöpfe in Herzform
- Karostoff
- Stickgarn und Sticknadel
- Bastelkleber
- teilbare Acrylglaskugel, Ø ca. 8 cm
- Bouillondraht in Gold

Anleitung
Mit Hilfe der Schablone schneiden Sie 6 Segmente aus Filz und Karostoff aus. Stellen Sie die Farben ganz nach Ihrem Geschmack zusammen. Aber damit das Ganze nicht zu bunt wird, könnten immer zwei gegenüberliegende Segmente dieselbe Farbe haben.
Dann werden die Mittellinien der Filzsegmente mit farbigem Stickgarn abgesteppt. Genau am Mittelpunkt wird dann der Knopf befestigt. Anschließend wird die Rückseite der Filz- und Stoffteile mit Bastelkleber bestrichen und auf der Acrylkugel festgeklebt. Die Größe der Schablone ist so bemessen, dass sich die Kanten bei einer Kugel vom Durchmesser 8 cm leicht überlappen. Plazieren Sie zuerst immer zwei gegenüberliegende Segmente. Die Mittellinie der Kugel können Sie hierfür gut als Hilfslinie benützen. Sind alle Teile befestigt, drückt man Filz und Stoff noch einmal gut an, denn so lassen sich kleine Fältchen ausbügeln.
Zum Schluss wird die ganze Kugel großzügig kreuz und quer mit Bouillondraht umwickelt. Das Drahtende können Sie geschickt hinter einem Knopf verschwinden lassen. Die Acrylöse der Kugel wird mit einem Streifen Filz kaschiert. Dann müssen Sie nur noch einen Aufhängefaden hindurchziehen, und die Kugel kann dekoriert werden.

Weihnachtskarte und Geschenkanhänger

Material
- Tonkarton in Rotviolett
- Filz in Weiß, Rot und Gelb
- Stickgarn in Orange und Grün
- Sticknadel
- runde Knöpfe in Grün und Herzknöpfe in Blau
- Plusterfarbe in Grün und Orange
- Rest von kariertem Stoff
- Bastelkleber

Anleitung
Das Format der Karte beträgt geklappt 12 x 17,5 cm. Man schneidet einen 7 cm breiten Streifen aus rotem Filz zu und steppt ihn an beiden Seiten mit Stickgarn ab. Kleben Sie ihn auf die Karte. Dann schneiden Sie den Schneemann aus, sticken Mund und Auge auf, nähen die Herzknöpfe an und kleben ihn ebenfalls auf die Karte. Nun wird der Hut ausgeschnitten und aufgeklebt. Als nächstes schneiden Sie die Dreieckform für den Stern zweimal aus, nähen den Knopf auf, sticken einen Kreis darum und kleben den Stern fest. Zum Schluss ziehen Sie zu beiden Seiten des Filzstreifens mit Plusterfarbe Linien, die wie gesteppt wirken. Lassen Sie die Farbe und den Kleber trocknen, wobei es gut ist, die Karte evtl. einige Stunden zu beschweren, damit sich die Arbeit nicht wellt.
Der Geschenkanhänger unten wird genauso gearbeitet, jedoch beträgt sein Format geklappt 6 x 8 cm.

Weihnachtsanhänger

Material

- Filz in Weiß, Hellblau, Gelb, Orange, Pink, Lila und Hautfarbe
- Karostoff
- Knöpfe in verschiedenen Farben
- Stickgarn, passend zu Filz und Knöpfen
- Rocailles, z. B. in Blau und Weiß
- Füllwatte oder Faserbällchen

Anleitung

Die Schablonen finden Sie auf dem Vorlagenbogen. Für das Herz schneiden Sie die Herzform zweimal aus Filz oder Karostoff aus. Zusätzlich benötigen Sie für die Vorderseite eine weitere Herzhälfte. Bevor Sie Vorder- und Rückteil zusammennähen und ausstopfen, muss die Gestaltung mit Perlen und Knöpfen fertig sein. Sie können je nach Geschmack Perlen und Knöpfe, Filz und Karostoff kombinieren – es gibt unzählige Möglichkeiten. Wenn Sie möchten, können Sie auch Vorder- und Rückseite der Herzen unterschiedlich verzieren. Ein Aufhänger komplettiert diese herzigen Anhänger. Diese Filzobjekte passen wunderbar zu einem ländlichen Ambiente.

Weihnachtlich verpackt

Geschenktüte

Material
- Tüte aus Pack- oder Recyclingpapier
- Dekorserviette
- Metallfolie in Gold
- Serviettenkleber
- Dekoschnee
- Allzweckkleber
- Prägestift

Anleitung

Die Serviette wird grob ausgeschnitten. Dann trägt man den Serviettenkleber auf die goldene Metallprägefolie auf, legt das Serviettenmotiv auf und drückt es von innen nach außen leicht an. Nun überzieht man die Serviette mit einer zweiten Schicht des Klebers und lässt alles gut trocknen. Jetzt legen Sie die mit der Serviette beklebte Metallfolie auf eine weiche Unterlage, z. B. aus Moosgummi, und fahren die Konturen des Motivs, hier also die Tannenbäumchen, mit einem Prägestift nach. Nun wenden Sie die Folie und sehen die Motivkonturen deutlich von hinten. Jetzt können Sie innerhalb der Konturen die Folie mit einem Löffelrücken oder etwas Ähnlichem plastisch herausdrücken. Der Rest der Goldfolie wird über einen strukturierten Untergrund gerieben, um den geknitterten Effekt zu erreichen.
Sind Sie mit dem plastischen Effekt des Motivs zufrieden, schneiden Sie die Folie quadratisch aus, und zwar auf jeder Seite 1 bis 2 cm kleiner als die Tüte. Kleben Sie die Folie dann mit Allzweckkleber auf die Tüte auf.

Appetitliche Herzdose

Wer möchte da nicht gleich zugreifen, wenn Geschenke so lecker verpackt sind.

Material

- Herzdose aus Pappe, 22 x 22 cm, 8,5 cm hoch
- Servietten, Motiv „Gebäck"
- Bastelfarbe in Schwarz, Weiß, Dunkelbraun und Hellrosa
- Viskose-Schwamm
- runder Haarpinsel, Stärke 4
- flacher Haarpinsel, Stärke 14
- Serviettenkleber
- Modelliermasse
- Cutter

Anleitung

Grundieren Sie die Herzdose innen und außen zweimal mit weißer Bastelfarbe. Mischen Sie sich dann einen Grauton. Teilen Sie die Dose in diagonale, 1 cm breite Streifen ein. Vom Deckel teilen Sie nur die rechte Seite ein. Machen Sie die Einteilung z. B. so: Schneiden Sie sich aus Tonkarton einen 1 cm breiten, ca. 30 cm langen Streifen. Diesen Streifen legen Sie als Schablone auf die Dose und fahren mit einem Bleistift an ihm entlang. Versetzen Sie den Pappstreifen immer um eine Bleistiftlinie, und Sie erhalten ein gleichmäßiges Streifenmuster. Malen Sie jeden zweiten Streifen hellgrau an. Schneiden Sie sich nun die Serviette zu. Sie benötigen das Untergrundmuster genauso wie einzeln ausgeschnittene Plätzchen und Mandeln. Kleben Sie die Serviettenmotive gemäß der Grundanleitung auf. Gestalten Sie so ganz individuell Ihre Dose mit den vorhandenen Motiven. Den rosafarbenen Rand des Deckels gestalten Sie so: Schneiden Sie von dem Viskose-Schwamm ein Stück ab. Geben Sie rosa Farbe in eine flache Schale und tauchen Sie den feuchten, gut ausgedrückten Schwamm ein. Stempeln Sie die Farbe – leicht auf die Deckeloberseite lappend – auf den Deckelrand.

Für den erhabenen Lebkuchen nehmen Sie ein Stück Modelliermasse und walzen es

ca. 5 mm dick aus. Schneiden Sie das Lebkuchenmotiv grob aus der Serviette aus und kleben die oberste Schicht mit Serviettenkleber auf die feuchte Modelliermasse. Mit einem Cutter schneiden Sie nun das Motiv genau aus der Masse. Glätten Sie mit dem Finger etwas die Kanten, und kleben Sie es mit Serviettenkleber an die Stelle der Dose, wo Sie es gerne haben wollen. Drücken Sie es vorsichtig fest und lassen es 1 – 2 Tage trocknen. Die Kanten des Lebkuchens können dann dunkelbraun bemalt werden. Lackieren Sie die ganze Dose innen und außen mit mehreren Schichten Serviettenkleber. Wollen Sie Lebensmittel in die Dose füllen, sollte sie in jedem Fall gut ausdünsten und mit Alufolie ausgeschlagen werden.

ENGLISCH VERLAG

kreativ

ISBN 3-8241-1181-0
Broschur, 32 S., Vorlageb.

ISBN 3-8241-1170-5
Broschur, 32 Seiten

ISBN 3-8241-1089-X
Broschur, 32 Seiten

ISBN 3-8241-1172-1
Broschur, 32 Seiten

ISBN 3-8241-1083-0
Broschur, 32 S., Vorlageb.

ISBN 3-8241-1085-7
Broschur, 32 Seiten.

Lust auf Mehr?

Liebe Leserin, lieber Leser,
natürlich haben wir noch viele andere Bücher im Programm.
Gerne senden wir Ihnen unser Gesamtverzeichnis zu.
Auch auf Ihre Anregungen und Vorschläge sind wir gespannt.
Rufen Sie uns einfach an oder schreiben Sie uns.

Englisch Verlag GmbH
Postfach 2309 · 65013 Wiesbaden
Telefon 06 11/9 42 72-0 · Telefax 06 11/9 42 72 30
E-Mail info@englisch-verlag.de
Internet http://www.englisch-verlag.de